A jornada

O Grande Panda e o Pequeno Dragão

James Norbury

A jornada

O Grande Panda e o Pequeno Dragão

Tradução
LÍGIA AZEVEDO

Para aqueles que estão em sua própria jornada.

Havia um templo no alto das montanhas.

Cercado por uma vasta floresta.

E um lago profundo e quieto.

O templo já havia vivido dias melhores.

Mas isso não importava
para os dois amigos
que fizeram da antiga
construção o seu lar.

O Grande Panda e o Pequeno Dragão.

Durante o dia, eles caminhavam até o topo das montanhas.

E exploravam as florestas densas e emaranhadas
para vislumbrar as criaturas que ali viviam.

À noite, eles olhavam as estrelas
e bebiam o chá quente que o Pequeno Dragão preparava
com todo o cuidado.

Uma noite de inverno, sob a lua cheia,
o Pequeno Dragão se virou para o amigo e disse:

"Este lugar é incrível, Grande Panda. As árvores,
as montanhas, os pássaros e os outros animais
são todos mágicos. Temos sorte. Então por
que será que sinto que tem algo faltando?

Por que me sinto incompleto?"

O Grande Panda concordou
e tomou um gole de chá.

"É uma boa pergunta, pequeno, cuja resposta
é ao mesmo tempo simples e difícil.

Por enquanto, tente dormir.

Amanhã é um novo dia,
e veremos o que podemos fazer."

O Grande Panda acordou cedo, mas encontrou
o amigo já assistindo ao sol
nascer sobre as montanhas.

Ele se sentou na pedra ao lado do Pequeno Dragão.

"Você está infeliz, meu amigo", disse o Grande Panda.
"Tudo bem, acontece com todos nós.

O que importa é que notou
que há algo de errado."

"Os problemas não devem nos deter", disse o Grande Panda.

"Eles são apenas uma forma de a natureza nos indicar que devemos explorar um caminho diferente."

"Você me contou como se sente", falou o Grande Panda.

"Compartilhar tanto a parte boa quanto a parte ruim da nossa vida nos aproxima e permite que ajudemos um ao outro."

"Eu te ajudaria", disse o Pequeno Dragão,
"se você precisasse."

"Você me ajuda todos os dias", disse o Grande Panda,
"só de ser quem você é."

Os dois atravessaram a antiga ponte
que conduzia até o jardim do templo.

"A mudança é sempre melhor que a estagnação", disse o Grande Panda, "mesmo quando não sabemos aonde ela pode nos levar."

"De certa maneira, a mente é como um jardim.
Exige cuidado, atenção e esforço.

Se deixada por conta própria, logo estará infestada de ervas daninhas.
E onde há muitas ervas daninhas as flores não conseguem crescer."

O Pequeno Dragão assentiu.

"Mas como eu faço para arrancar as ervas daninhas?"

"Eu vou te ajudar", disse o Grande Panda.

"Lembre, pequeno:
juntos, podemos fazer qualquer coisa."

Eles deixaram o jardim e caminharam
até um penhasco que dava para o Grande Rio.

Depois de se acomodar sobre a pedra, o Grande Panda
se virou para o Pequeno Dragão e disse:

"Não podemos ficar aqui sentados torcendo para
que as ervas daninhas desapareçam sozinhas.

Precisamos agir.

Às vezes, mudar é necessário, e exige esforço.

Vamos partir em uma jornada que nos levará
até o outro lado do rio."

Eles voltaram ao templo para fechar as venezianas de madeira e vedar a porta quebrada, porque chovia muito nas montanhas e o Pequeno Dragão não queria que suas coisas se molhassem enquanto estivessem fora.

Assim que terminou, o Pequeno Dragão juntou
seus bens mais preciosos em um carrinho
e foi encontrar o Grande Panda.

Quando viu o carrinho lotado, o Grande Panda balançou a cabeça devagar.

"Não podemos atravessar o rio com tudo isso."

"Mas eu preciso dessas coisas", protestou o Pequeno Dragão segurando um retrato do Vovô Dragão.

"Tudo de que precisa está dentro de você",
o Grande Panda disse.

O Pequeno Dragão refletiu por um momento.
No fundo, sabia que o Grande Panda estava certo,
mas ainda tinha uma pergunta a fazer.

"Posso levar meu jogo de chá?"

"Claro", disse o Grande Panda.

"Não há nada de errado em apreciar os luxos do mundo. Só precisamos nos certificar de não nos perdermos neles."

Assim, o Pequeno Dragão subiu nas costas
do Grande Panda e os dois seguiram
a trilha de pedra que descia as montanhas
e levava até o rio, deixando o antigo templo para trás.

Viajaram por muitos dias, atravessando as densas florestas que cobriam as montanhas.

Passaram por cachoeiras e águas profundas e escuras.

Viram pássaros coloridos e vislumbraram pequenas corças passando depressa por entre os altos bambus.

Até que, uma noite,
bem quando as estrelas começavam a aparecer,
eles chegaram à margem do Grande Rio.

"Vamos acampar aqui esta noite", disse o Grande Panda. "Podemos acender uma fogueira e ficar ouvindo o rio."

"E eu vou fazer um chá!", falou o Pequeno Dragão.

Ele juntou alguns gravetos e logo a fogueira estava estalando e a água esquentando.

O Pequeno Dragão cutucou o fogo com um graveto.

"Grande Panda?

Eu estava me perguntando...

Por que agora não sinto o mesmo prazer pegando gravetos
que sentia quando era um dragão bem pequenininho?"

"Eu adorava escolher os melhores,
tirar as folhas e guardá-los
na minha cesta."

O Grande Panda refletiu por um momento.

"Nossos pensamentos podem nos afastar de nós mesmos.

Quando você era jovem, a tarefa de juntar gravetos exigia toda a sua atenção.

Quando estamos assim focados, nossa mente não fica vagando, e isso cria uma sensação de tranquilidade interior que desperta sentimentos de alegria e paz."

O Pequeno Dragão pensou um pouco.

"Talvez você tenha razão. Quando fui pegar os gravetos agora há pouco, eu estava pensando se essa jornada vai mesmo dar certo.

Os gravetos nem me passaram pela cabeça."

"A tranquilidade sempre pode ser encontrada", disse o Grande Panda.
"E nessa paz é possível começar a se reencontrar."

O Pequeno Dragão sentiu que o Grande Panda só o estava lembrando de algo que, no fundo, ele já sabia.

"Caso se esqueça de si mesmo, é só olhar
para as estrelas no céu ou ouvir os pinheiros
balançando ao som da brisa noturna.

Ambos fazem o que a natureza pretende — neste momento."

No dia seguinte, enquanto tomavam seu café da manhã
de bambu e frutas, o Grande Panda notou que
o Pequeno Dragão parecia preocupado.

"O que foi, pequeno?"

O Pequeno Dragão ergueu os olhos.

"Estou com medo", ele falou baixinho.
"Não quero atravessar o rio."

"Ter medo é natural", disse o Grande Panda.
"Mas às vezes precisamos seguir em frente mesmo assim."

"O medo não impede ninguém de morrer,
mas pode impedir de viver."

Os dois assistiram ao sol nascendo atrás das montanhas escuras.

"Algo precisa mudar, meu amigo",
disse o Grande Panda.

"Mas se uma mudança fosse fácil
ela provavelmente não faria muita diferença."

"Grandes mudanças exigem grandes esforços."

O Pequeno Dragão terminou de comer sua fruta.
"Você tem razão", ele falou.

"A ideia de atravessar o rio realmente me assusta,
e vou ficar com medo durante o percurso,
mas mesmo assim vou em frente."

Os dois vasculharam a margem juntos até que
o Grande Panda encontrasse o que estava procurando.

"O clima aqui pode ser implacável", disse ele, apontando
para algumas árvores que haviam sido derrubadas por uma tempestade.

"Se usarmos bambu como corda para amarrar alguns troncos,
teremos uma jangada rapidinho."

Apesar de como se sentia por dentro, o Pequeno Dragão abriu um grande sorriso e estufou o peito.

"Vou pegar o bambu.
Você pega os troncos."

Quando a tarde chegou, eles já haviam construído uma pequena jangada.

Não parecia grande coisa, mas levaria os dois até o outro lado do rio.

"Gostei", disse o Pequeno Dragão, olhando para o que haviam feito.

"No fim, pegar bambu não é muito diferente de pegar gravetos", falou o Grande Panda.

Às vezes o que é bom e o que é ruim depende da maneira como encaramos o mundo."

Quando o sol começava a se pôr, o Grande Panda
arrastou a jangada até as águas do rio.

Os dois subiram a bordo, e o Pequeno Dragão
usou uma vara para zarpar.

Por um tempo, eles permitiram que a correnteza
levasse a jangada e os conduzisse rio abaixo.

"Esta jangada é como nós",
disse o Grande Panda.

"Onde ela esteve não
determina aonde vai."

"Mas o passado deve fazer alguma diferença",
comentou o Pequeno Dragão.

"Faz, sim", disse o Grande Panda. "O passado é como uma história que nos conta como chegamos aonde estamos. Mas você pode começar a escrever uma nova história agora mesmo."

O Pequeno Dragão ficou em silêncio,
refletindo sobre as palavras do Grande Panda.

De repente, um grande estrondo sacudiu a terra, e o Pequeno Dragão sentiu gotas de chuva caindo e um vento gelado soprando.

"Tem uma tempestade chegando", disse o Grande Panda, que olhava para as nuvens.
"É melhor alcançarmos logo a outra margem."

Mas a correnteza era mais forte do que parecia.
Apesar de seus esforços, eles não conseguiam
levar a jangada para a margem.

O Pequeno Dragão entrou em pânico,
mas o Grande Panda continuava remando calmamente.

"Você não tem medo de tempestade?", perguntou o Pequeno Dragão.

"Já tive", disse o Grande Panda, "mas sobrevivi a todas elas e aprendi que não há necessidade de temer."

Nuvens escuras pairavam sobre eles.
A chuva caía forte e gelada. A superfície
do rio espumava, instável.

A jangada começou a girar e empinar.
A tempestade ensopava a madeira
e a deixava fria e escorregadia.

O Pequeno Dragão já não conseguia
mais se segurar.

O Grande Panda deitou para se estabilizar
tanto quanto possível e, com uma das
patas, enfiou o Pequeno Dragão sob seus
pelos para mantê-lo aquecido e seguro.

O Pequeno Dragão estava assustado demais para falar.

Ele fechou bem os olhos e se segurou com toda a força que tinha.

Então se lembrou do seu conjunto de chá.

O Pequeno Dragão abriu um olho e avistou
a trouxa de pano amarrada a seu galho.

Ele esticou a mão para pegá-la no mesmo instante
em que a jangada bateu contra uma grande pedra.

O conjunto de chá se soltou e caiu na água.

Enquanto o via desaparecer nas profundezas escuras
e turbulentas, o Pequeno Dragão sentia que seu coração ia junto.

O que ele estava fazendo?
Qual era o sentido de tudo aquilo?

Nunca havia se sentido assim.

Ele levou o rosto às mãos
e chorou.

O Grande Panda ouviu a dor do Pequeno Dragão.
Queria ajudá-lo, abraçá-lo,
dizer que tudo ficaria bem.

Mas estava exausto e lhe faltavam forças para falar.
Além disso, caso se descuidasse,
ambos seriam levados pela água revolta.

Tudo o que podia fazer era ouvir
e se esforçar ao máximo para mantê-los a salvo.

Até mesmo a mais forte das tempestades uma hora passa...

Pela manhã, a tempestade havia se dissipado.

A jangada flutuava à deriva nas águas cristalinas e silenciosas.

O Grande Panda sentiu o sol bater em suas costas e abriu os olhos.

Seus pelos estavam cheios de sal e tudo doía, mas a sensação do corpo do Pequeno Dragão encolhido sob o dele o tranquilizou.

Não demorou muito para que seu amiguinho despertasse e saísse para o ar da manhã.

"Estamos a salvo!", gritou o Pequeno Dragão, abraçando o Grande Panda.

"Mas onde estamos?
Não vejo as margens do Grande Rio."

"A tempestade durou a noite toda", disse o Grande Panda.
"Fomos arrastados para o oceano."

"Ah, não!", exclamou o Pequeno Dragão.

"Vamos morrer!"

"Não escolheríamos estar aqui",
falou o Grande Panda,

"mas é aqui que estamos...

Se você tentar esquecer
por um momento o que aconteceu
e olhar em volta,

talvez veja que este
é um dos momentos mais belos
pelos quais já passamos."

O Pequeno Dragão olhou para o oceano,
que se estendia interminável em todas as direções.

"Nunca estivemos tão perdidos", ele disse,
com um suspiro.

"Se está se sentindo perdido", falou o Grande Panda,
"feche os olhos. Ouça a água batendo contra a jangada,
sinta o sol na pele e a brisa no rosto.

É aí que você está.
E logo vai se encontrar."

O Pequeno Dragão tentou...

Mas, naquela calmaria,
tudo em que conseguia pensar era que
havia perdido seu querido conjunto de chá,
que não tinham comida nem água
e que estavam muito longe de casa.

Remar foi a única saída que lhe ocorreu.

As horas se transformaram em dias.

Toda manhã,
o sol nascia flamejante
sobre o espelho do oceano
sem que houvesse nenhum sinal de terra.

Uma noite, fraco de fome e sede,
o Pequeno Dragão se arrastou até o Grande Panda
e se aconchegou em seus pelos.

"Como você consegue se manter
assim tão calmo?",
ele perguntou.

"Talvez seja o fim."

O Grande Panda puxou o Pequeno Dragão para mais perto. "Não temos controle sobre nada, pequeno... Não de verdade.

Confio que a vida vai nos levar aonde precisamos estar."

"Mas e se eu estiver onde não quero estar?",
perguntou o Pequeno Dragão.

"Isso acontece", disse o Grande Panda.
"É claro que podemos tentar
melhorar nossas circunstâncias,

mas algumas situações, como esta,
não podem ser mudadas,
portanto é preciso tentar aceitá-las.

Essa aceitação traz consigo uma grande paz."

Cansado e fraco, o Pequeno Dragão pegou no sono,
enquanto o Grande Panda olhava para uma
das noites mais bonitas que já havia presenciado.

O Pequeno Dragão acordou sobressaltado.

Embora continuasse escuro,
podia ver que a jangada havia encalhado
na areia de uma praia,
que brilhava branca ao luar.

Mais além,
montanhas se erguiam na noite.

O Pequeno Dragão se pôs de pé.

"Grande Panda, Grande Panda! Estamos salvos!"

O Granda Panda abriu os olhos, observou toda
a extensão de areia clara e as montanhas mais além
e sorriu para o Pequeno Dragão.

"Venha, pequeno", ele disse.

"Suba nas minhas costas e vamos procurar comida e água."

Eles não precisaram se deslocar muito para encontrar
um trecho com bastante grama próximo a um riacho sinuoso.

O Pequeno Dragão colheu algumas frutas doces.
Havia até brotos de bambu.

Eles se sentaram à beira do riacho e ficaram comendo,
bebendo e olhando o sol nascer sobre o oceano.

"Nunca imaginei que ficaria tão agradecido por poder comer e beber", disse o Pequeno Dragão, mastigando uma fruta.

"É engraçado como as coisas simples, se vistas com novos olhos, podem ser as que nos trazem mais alegria", falou o Grande Panda.

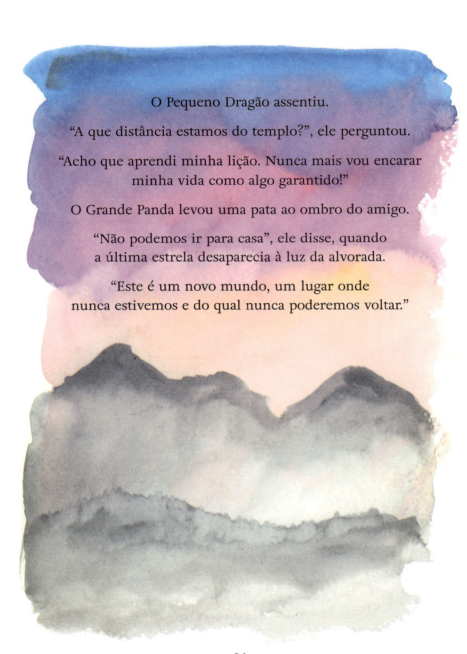

O Pequeno Dragão assentiu.

"A que distância estamos do templo?", ele perguntou.

"Acho que aprendi minha lição. Nunca mais vou encarar minha vida como algo garantido!"

O Grande Panda levou uma pata ao ombro do amigo.

"Não podemos ir para casa", ele disse, quando a última estrela desaparecia à luz da alvorada.

"Este é um novo mundo, um lugar onde nunca estivemos e do qual nunca poderemos voltar."

"Não", gritou o Pequeno Dragão.

"Não pode ser.

Temos que ir para casa.
E quanto ao templo,
às minhas coisas,
meus amigos e meus
lugares preferidos?

Não.

Nós não podemos ficar aqui...
não podemos..."

O Grande Panda apontou
para o riacho próximo.

"Está vendo como a água
contorna a pedra,
Pequeno Dragão?

Existe um obstáculo,
mas a água flui ao seu redor,
escolhendo o caminho mais tranquilo
para chegar ao seu destino.

Podemos fazer igual."

O Pequeno Dragão olhou para
o Grande Panda e tentou sorrir,
tentou enxergar a sabedoria nas palavras dele,
mas seu coração estava pesado demais.

Por dentro, sentia que havia perdido tudo.

Sentia-se vazio.

O Grande Panda procurou tranquilizá-lo:
"Nós nos perdemos e estamos longe de casa.
Porém..."

"Se estamos perdidos", ele prosseguiu,
"fico feliz que seja com você."

O Pequeno Dragão não encontrou
muito conforto nas palavras do Grande Panda.

Ele olhou para o rio,
mas tudo o que conseguia ver era pedra.

"Está vindo chuva", disse o Grande Panda,
olhando para o céu cada vez mais escuro.
"É melhor procurarmos abrigo."

O Pequeno Dragão subiu nas costas do Grande Panda,
e os dois começaram a subir a montanha.

Era um trajeto árduo.

Muitas vezes não havia trilha a seguir e raízes grossas e retorcidas se espalhavam pelo chão.

Algumas subidas eram tão íngremes que eles precisavam encontrar outro caminho, porque as patas do Grande Panda escorregavam na lama espessa.

Ouviu-se um trovão
e uma chuva torrencial despencou,
varrendo o dossel da floresta.

"Precisamos nos apressar",
disse o Grande Panda.
"A chuva pode durar horas
ou até mesmo dias."

Mas o Pequeno Dragão não disse nada.
Não sentia a chuva e mal ouvia a voz do Grande Panda.

Sentia-se só e vazio
em um mundo que não fazia sentido.

Os dois seguiram por horas,
até que a floresta deu lugar
a um trecho rochoso que
subia íngreme até o topo.

A chuva caía implacável,
castigando a pedra e
cascateando pelas ravinas.

Eles se empenharam em seguir em frente,
mas a situação não se aliviou.

Quando suas forças estavam se esgotando,
o Grande Panda viu algo.

"Olhe, Pequeno Dragão,
podemos nos abrigar sob aquelas pedras."

Mas o Pequeno Dragão continuou em silêncio.

O Grande Panda abriu caminho com todo o cuidado
pela pedra escorregadia e conseguiu rastejar para dentro
da caverna formada pelo aglomerado de rochas.

Os dois amigos se sentaram lá dentro e ficaram olhando a chuva,
até que o Grande Panda se virou para o Pequeno Dragão.

"Pode falar comigo se quiser, pequeno."

"Não faço nenhuma diferença no mundo",
disse o Pequeno Dragão.

O Grande Panda sorriu para ele.
"Você faz toda a diferença para mim."

"E sei que é difícil entender isso agora", falou o Grande Panda, "mas o universo trouxe você exatamente para onde precisa estar."

O Pequeno Dragão levantou o rosto. Tinha lágrimas nos olhos.

"Mas estamos a centenas de quilômetros de casa. Nem sabemos direito onde. E não temos nada."

O Grande Panda pegou o Pequeno Dragão encharcado
e o abraçou com força.

"É verdade", ele disse. "Mas, de alguma maneira, estamos completos."

O Pequeno Dragão se levantou
e saiu da caverna.

O Grande Panda sabia que precisava deixá-lo ir.

O Pequeno Dragão caminhava na tempestade
sem ter ideia de para onde seguia.

Como podia estar completo?

Tudo o que fazia dele quem
era lhe fora tirado.

Não tinha ideia de há quanto tempo
estava caminhando,
mas sentia tanto frio e tanto cansaço
que soube que precisava parar.

Uma protuberância na rocha mantinha seco
um estreito espaço, para onde o Pequeno Dragão
se dirigiu, cambaleando. Ele se sentou ali
e ficou olhando para o céu cinzento e infinito.

Foi então que viu...

dependurada de uma teia de aranha.

Uma folha...

... capturada pelo último suspiro da tempestade.

Seus tons terrosos refletiam o sol fraco
que irrompia entre as nuvens.

Tão delicada.

Tão linda.

O mundo em um momento.

O tempo parou enquanto o Pequeno Dragão via a folha girar.

O Pequeno Dragão não se lembrava de
já ter visto algo tão fascinante.
Tão puro, perfeito e delicado.

Ele começou a sentir que o vazio que sentia por dentro
era como uma xícara aguardando que a enchessem.

Com todas as maravilhas que o mundo tinha a oferecer.

Havia dor, claro,
mas também uma enorme beleza.

"Agora você está vendo, não é?"

O Pequeno Dragão olhou para trás e lá estava o Grande Panda, que, apesar de ensopado, sorria.

"Acho que sim", ele respondeu.

Os dois ficaram vendo o sol desaparecer atrás das montanhas.
Enquanto a noite caía sobre a terra,
o Pequeno Dragão falou pela primeira vez em horas.

"Grande Panda, o que é o universo?", ele perguntou.

"Gosto de pensar que é um amigo nosso", disse o Grande Panda.
"Se permitirmos que seja."

O Pequeno Dragão acordou cedo na manhã seguinte.
Embora a chuva continuasse varrendo as montanhas,

onde antes ele via desesperança e derrota,
agora via oportunidade e beleza.

"É melhor continuarmos", falou o Grande Panda.
"Não sei quanto tempo mais aguentaríamos aqui."

Eles continuavam sem água ou comida,
então se prepararam para enfrentar o frio
e o vento e continuaram subindo.

"Veja", disse o Pequeno Dragão. "Lá está o topo."

De fato, em meio à névoa se retorcendo,
via-se o pico da montanha.

O Grande Panda reuniu toda a sua força
para que os dois percorressem aquele último trecho.

Quando chegaram lá em cima,
o Pequeno Dragão ficou sem palavras.
Mais além, um rio largo serpenteava
por um magnífico vale cheio de árvores.

"Foi até aqui que nossa jornada nos trouxe",
disse o Grande Panda.

"E este será o nosso novo lar",
falou o Pequeno Dragão, sorrindo.

A fome e o frio foram esquecidos. O Pequeno Dragão ficou ali, absorvendo a beleza do que tinha à sua frente.

Depois de um tempo, o Grande Panda levou a pata a seu ombro.

"Vamos", ele disse.

"Vamos descer para encontrar comida e água."

Assim, os dois amigos se aventuraram pela selva, que
era mais bela do que o Pequeno Dragão podia imaginar.

Havia pássaros coloridos de espécies nunca vistas, plantas enormes
e floridas, estranhas feras peludas que se moviam devagar
e em silêncio pela vegetação rasteira.

Então algo chamou a atenção do Pequeno Dragão: peças de cerâmica quebrada despontando do solo.

Depois de cavoucar um pouco,
o Pequeno Dragão encontrou um jarro
e duas canequinhas lascadas que não combinavam entre si.

"Venha", ele disse, pegando folhinhas de um arbusto.

"Conheço essa planta. Dá um chá maravilhoso.
Vamos comemorar."

Os dois se sentaram sob os galhos
de uma árvore velha e retorcida,
e o Pequeno Dragão acendeu uma pequena fogueira.

"O que estamos comemorando?", quis saber o Grande Panda.

"Nós mesmos", disse o Pequeno Dragão. "Foi uma longa jornada, com muitos desafios, e continuamos os dois aqui. Me parece um ótimo motivo para comemorar."

"Sabe", disse o Pequeno Dragão,
"acho que este é o melhor chá que já tomei."

"E por quê?", perguntou o Grande Panda.

"Porque é o que estou tomando agora."

O Pequeno Dragão embalou o conjunto de chá em uma folha bem grande e os dois seguiram pelas trilhas sinuosas dos animais e sobre os riachos escuros e borbulhantes.

"Como está se sentindo, pequeno?", perguntou o Grande Panda.

O Pequeno Dragão refletiu por um momento.

"Ainda sinto tristeza pela perda dos meus amigos,
do meu lar e, claro, do meu conjunto de chá,
mas acho que estou aprendendo a aceitar melhor as coisas."

"Parece que quanto mais eu abro a mão", disse o Pequeno Dragão,
"mais o mundo parece colocar nela."

"Cheguei à conclusão de que nem sempre
é a situação que me deixa infeliz,
e sim a maneira como a encaro."

"Quanto menos tento controlar o mundo,
mais livre fico para vê-lo se revelar
em toda a sua maravilha indomável."

O Grande Panda assentiu, compreendendo.

Mas, apesar de tudo o que aprendera, o Pequeno Dragão não conseguia impedir sua mente de voltar de vez em quando a todas as coisas que nunca mais veria.

"Como consegue ser tão sábio, Grande Panda?"

O Grande Panda pensou um pouco.

"Todos temos sabedoria dentro de nós, meu amigo, só que ela é uma voz muito baixa e suave, de modo que é preciso ficar quietinho para ouvi-la."

"Mas você sempre parece ter todas as respostas", disse o Pequeno Dragão.

O Grande Panda sorriu.

"Bem, cometi muito mais erros que você."

Quando os dois já estavam pensando em encerrar
a caminhada pelo dia, viram uma construção a distância.

Conforme chegaram mais perto, viram que era um antigo templo,
coberto por árvores e plantas.

Não havia nenhum sinal de que estivesse ocupado.
Além de alguns poucos macacos e pássaros,
ninguém parecia lhe dar muita atenção.

O Grande Panda verificou o interior. Parecia um abrigo seguro.

"Acho que encontramos nosso novo lar."

Aquela noite, eles se sentaram nas sombras do templo em ruínas e tomaram chá feito com água da fonte e folhas frescas.

"Acho que o mundo nunca vai ser como eu gostaria que fosse", disse o Pequeno Dragão, "e nunca poderei mudar certas coisas.

Mas também acho que *eu* mudei.
As coisas que antes eu era incapaz de aceitar...
estou começando a me conformar com elas."

"É como se eu fosse este copinho",
continuou o Pequeno Dragão.

"Passei por maus bocados e não escapei ileso.

Mas estas pequenas rachaduras",
ele prosseguiu, segurando o copinho contra a lua,
"são o que permite que a luz passe."

O Pequeno Dragão serviu mais chá ao amigo
e se sentou ao lado dele.

"Obrigado", ele agradeceu
acariciando a cabeça do grande urso.

"Pelo quê?", perguntou o Grande Panda.

"Eu me equivoquei tantas vezes, e você sempre esteve comigo.
Nunca me julgou, me abandonou ou me repreendeu.

Espero ter entendido agora."

O Grande Panda abraçou o Pequeno Dragão.

"Enquanto vivermos", disse o Grande Panda,
"continuaremos cometendo erros e nos perdendo.
É como as coisas são.

Mas, enquanto nós dois estivermos aqui,
continuaremos ajudando um ao outro
e encontraremos nosso caminho."

Aquela noite, o Grande Panda e o Pequeno Dragão dormiram profundamente. Seus corpos cansados e doloridos descansaram na segurança das ruínas do antigo templo.

Quando a manhã irrompeu sobre as montanhas, eles foram recebidos por um nascer do sol magnífico, anunciando um novo dia e um novo começo.

"Há tantas incertezas e tantas possibilidades lá fora",
disse o Pequeno Dragão.

"Bem", disse o Grande Panda, "vamos ver quantas podemos testar."

Fim...

desta jornada.

Posfácio

A JORNADA DE *A JORNADA*

Meu livro anterior, *O Grande Panda e o Pequeno Dragão*, é uma compilação de ilustrações com diálogos avulsos que criei com a intenção de compartilhar na internet. Isso implicava imagens concisas e instantâneas, que não permitiam explorar uma narrativa mais longa.

Neste segundo livro, pude contar uma história, o que é uma das coisas que mais amo no mundo.

Sempre me interessei pela ideia de um viajante que enfrenta dificuldades tanto externas quanto internas. Embora em geral queiramos que o protagonista seja bem-sucedido, pessoalmente não acho que esse sucesso deva ser absoluto. Não costuma ser assim na vida. Aqui, procurei evitar um final ao estilo "felizes para sempre" para que o leitor possa se identificar melhor com a história.

Sim, os personagens acabam encontrando um novo lar e o Pequeno Dragão descobre coisas sobre si mesmo que permitirão que enfrente as tempestades da vida com mais facilidade, mas tanto ele quanto o Grande Panda perdem muita coisa. Eles não voltam para casa, não reencontram seus amigos e são estranhos em uma terra desconhecida, com todos os medos e perigos que isso pode envolver.

A história começa com uma mudança (o descontentamento do Pequeno Dragão) e termina com outra mudança (um novo lar em um novo lugar). Ambas são assustadoras, mas também necessárias para seguir adiante e levar uma vida menos temerosa e mais feliz.

Logo que comecei a pensar neste livro, decidi baseá-lo na ideia de uma jornada espiritual que começa não apenas com descontentamento, mas com o reconhecimento do descontentamento e o desejo de fazer algo a respeito disso. Os protagonistas então partiriam em uma jornada de altos e baixos — em certo momento as coisas pareceriam melhores e em outro, desastrosas, depois surgiria uma luz no fim do túnel, mas só para ser logo apagada. Sinto que isso reflete não apenas a minha experiência mas a de muita gente que conheço, o que espero que possa conferir autenticidade à história.

Isso levou a uma série de estranhos experimentos. Eu me vi tão imerso no processo de expressar a jornada emocional do personagem que meus próprios sentimentos espelhavam os sentimentos do Pequeno Dragão, e às vezes até mesmo os do Grande Panda. Talvez seja porque, de muitas maneiras, a história deles é um reconto da minha.

Mantive esse livro simples, com apenas dois personagens, de propósito. O cenário tende a espelhar o estado psicológico do Pequeno Dragão: quanto mais sombrios seus sentimentos, mais estéril o mundo se mostra. Sempre me empenho em fazer o mundo parecer bonito (porque ele é mesmo), mas a percepção que nosso pequeno herói tem dele oscila, e procurei fazer com que a experiência do leitor espelhasse isso.

Outras escolhas estéticas incluem fazer o personagem se mover da esquerda para a direita quando as coisas estão progredindo e da direita para a esquerda quando estão desmoronando. Também optei por uma paleta de cores completamente diferente quando os personagens chegam ao novo mundo, para passar uma sensação sutil de que "tudo" mudou.

Depois da dedicatória, incluí o desenho de um *torii*, uma estrutura tipicamente encontrada na entrada dos templos xintoístas que representa a passagem do mundo material e cotidiano para um mundo mais sagrado e espiritual.

Espero sinceramente que esta história toque seu coração e que, caso se identifique em algumas das dificuldades do Pequeno Dragão, encontre consolo na ideia de que, ainda que um tanto assustadora, a mudança é possível, e com paciência pode conduzir a coisas melhores.

Copyright © 2022 by James Norbury
Copyright das ilustrações © 2022 by James Norbury. Publicado originalmente como *The Journey: Big Panda and Tiny Dragon* em 2022 por Michael Joseph, um selo da Penguin Books, parte do grupo Penguin Random House.

O selo Fontanar foi licenciado para a Editora Schwarcz S.A.

Grafia atualizada segundo o Acordo Ortográfico da Língua Portuguesa de 1990, que entrou em vigor no Brasil em 2009.

TÍTULO ORIGINAL The Journey: A Big Panda and Tiny Dragon Adventure
CAPA James Norbury
REVISÃO Camila Saraiva e Luciana Baraldi

Dados Internacionais de Catalogação na Publicação (CIP)
(Câmara Brasileira do Livro, SP, Brasil)

Norbury, James
    A jornada : O Grande Panda e o Pequeno Dragão / James Norbury ; tradução Lígia Azevedo. — 1ª ed. — São Paulo : Fontanar, 2023.

    Título original: The Journey: A Big Panda and Tiny Dragon Adventure.
    ISBN 978-65-84954-07-6

    1. Desenvolvimento pessoal 2. Espiritualidade 3. Livros ilustrados 4. Mente – Corpo I. Título.

23-145121   CDD-181.043

Índice para catálogo sistemático:
1. Filosofia budista 181.043

Aline Graziele Benitez – Bibliotecária – CRB-1/3129

1ª reimpressão

Todos os direitos desta edição reservados à
EDITORA SCHWARCZ S.A.
Rua Bandeira Paulista, 702, cj. 32
04532-002 — São Paulo — SP
Telefone: (11) 3707-3500
facebook.com/Fontanar.br
instagram.com/editorafontanar

TIPOGRAFIA Adriane por Marconi Lima
DIAGRAMAÇÃO Osmane Garcia Filho
PAPEL Alta Alvura, Suzano S.A.
IMPRESSÃO Gráfica Santa Marta, maio de 2024

A marca FSC® é a garantia de que a madeira utilizada na fabricação do papel deste livro provém de florestas que foram gerenciadas de maneira ambientalmente correta, socialmente justa e economicamente viável, além de outras fontes de origem controlada.